AF296528

L'ARCHITECTURE

MILITAIRE

AU MONT SAINT-MICHEL

PAR

EDOUARD CORROYER

ARCHITECTE DU GOUVERNEMENT.

PARIS

TYPOGRAPHIE DE E. PLON ET Cⁱᵉ

RUE GARANCIÈRE, 8.

1881

L'ARCHITECTURE

MILITAIRE

AU MONT SAINT-MICHEL

PAR

ÉDOUARD CORROYER

ARCHITECTE DU GOUVERNEMENT.

PARIS

TYPOGRAPHIE DE E. PLON ET Cie

RUE GARANCIÈRE, 8.

—

1881

Ce mémoire a été lu à la réunion des Sociétés savantes et des Beaux-Arts des départements à la Sorbonne, dans la séance du 2 avril 1880.

L'ARCHITECTURE MILITAIRE
AU MONT SAINT-MICHEL.

Les travaux considérables des Sociétés savantes des départements, nombreuses, prospères et constamment en voie de progrès, ont démontré l'utilité, la nécessité de leur concours pour l'étude de l'histoire nationale. Cependant, à notre avis, ces travaux ont également démontré l'existence d'une lacune qu'il faut signaler et étudier, afin de trouver les moyens propres à la combler. Nous voulons parler de l'étude architecturale des monuments, quelquefois négligée ou incomplète, toute l'attention des archéologues se concentrant presque exclusivement sur les textes ou les chroniques qui nous sont parvenus et dont ils tirent des conclusions contre lesquelles protestent quelquefois les édifices encore debout.

Il nous semble qu'il est possible d'indiquer le mal et en même temps le remède qui doit le guérir : c'est de donner, lorsque le monument existe encore, bien entendu, une plus large part à l'étude de l'architecture, qui n'est trop souvent qu'un incident dans les recherches au lieu d'être le motif principal. Ces études critiques apporteront un contingent parfois nécessaire et toujours utile; elles pourront fournir des documents spéciaux, authentiques, complétant ou modifiant les trouvailles des Sociétés savantes locales, et arriveront ainsi, en réunissant et combinant des efforts parallèles ou isolés, à former pour chaque monument une monographie archéologique aussi complète que possible. D'ailleurs, s'il est un art qui doit être en honneur en France, c'est surtout l'Architecture. C'est l'art national par excellence, comme l'a si bien dit et prouvé Viollet-Leduc, et nul pays, sans excepter la Grèce et l'Italie, ne possède plus de témoignages du génie national, ni plus de preuves de sa grandeur et de sa force expansive qui s'est répandue même chez les nations voisines. Aucun d'eux ne dépasse en grandeur et en beauté le Mont Saint-Michel, qui peut être considéré comme un des plus beaux spécimens de l'Architecture française.

Parmi l'ensemble des monuments qui composent le Mont Saint-Michel et qui semblent être réunis comme à plaisir pour charmer les yeux des artistes et servir de but aux recherches des savants, les constructions militaires ont une importance considérable, et elles nous ont paru mériter une revue spéciale et rapide.

L'abbaye, fondée, suivant les traditions, en 708, par saint Aubert et restaurée à la fin du dixième siècle, par Richard Sans peur, troisième duc de Normandie, prit un grand développement au onzième siècle, et, vers la fin du douzième siècle, elle était dans un grand état de prospérité. Toutefois les bâtiments du monastère n'avaient pas l'importance qu'ils ont eue dès le siècle suivant; au douzième siècle ils se composaient de l'église, élevée de 1020 à 1135, et des lieux réguliers (avec les habitations des serviteurs et des hôtes) s'étendant au nord de l'église. Restaurés ou reconstruits en grande partie par l'abbé Roger II, au commencement du douzième siècle, ils furent augmentés à l'ouest et au sud-ouest par Robert de Torigni, de 1154 à 1186.

Le monastère n'était pas fortifié alors. Placé au sommet d'un rocher dont les escarpements inaccessibles au nord et à l'ouest forment les remparts naturels les plus sûrs, sa position constituait en ce temps son unique défense. Sa situation au milieu des grèves, presque toujours dangereuses à traverser, rendait impossible toute tentative d'investissement et la mettait même à l'abri d'un coup de main. Des clôtures en pierre ou des palissades en bois l'entouraient sur les points où les pentes du rocher, moins rudes, permettaient un abord relativement facile à l'est, où se trouvait l'entrée et au-devant de laquelle les maisons de la petite ville étaient venues se grouper. Fondée, au dixième siècle, par quelques familles décimées par les Normands qui dépeuplèrent l'Avranchin après la mort de Charlemagne, la *ville* ne se composait, au douzième siècle, que de quelques maisons établies sur le point le plus élevé du rocher, à l'est, afin d'être à l'abri des fluctuations de la mer.

En 1203, l'abbaye fut en grande partie détruite, sauf l'église, pendant les guerres entre Philippe-Auguste, roi de France, et Jean Sans terre, frère du roi d'Angleterre.

Les faits historiques prouvent que, comme l'abbaye, la ville n'avait pas d'ouvrages défensifs proprement dits au douzième siècle, ni dans les premières années du treizième. A partir de cette époque, les abbayes, particulièrement celles de l'ordre de Saint-Benoît, deviennent de véritables forteresses, capables de soutenir un siége. Les abbés, seigneurs féodaux, fortifient leurs monastères pour les mettre à l'abri des désastres qui, au Mont Saint-Michel, avaient signalé le commencement du treizième siècle.

L'abbaye du Mont Saint-Michel offre un des exemples de cette transformation. Après l'incendie de 1203, lorsqu'elle fut devenue vassale du domaine royal, son abbé Jourdain et ses successeurs la reconstruisirent presque entièrement. Ils établirent les lieux réguliers dans les magnifiques bâtiments qu'ils élevèrent au nord de l'église et qui dès leur origine furent appelés : *la Merveille.*

Cette immense construction peut « passer pour le plus bel exemple que nous possédions de l'architecture religieuse et militaire au moyen âge... » (VIOLLET-LEDUC, *Dictionnaire raisonné de l'architecture française du onzième au seizième siècle.*) La Merveille se compose de trois étages, dont deux sont voûtés. L'étage inférieur comprend l'aumônerie et le cellier; celui intermédiaire, le réfectoire et la salle des chevaliers; celui supérieur, le dortoir et le cloître. Il faut remarquer qu'elle est formée de deux bâtiments juxtaposés et réunis, orientés de l'est à l'ouest et contenant en hauteur : celui de l'est, l'aumônerie, le réfectoire, le dortoir, et celui de l'ouest, le cellier, la salle des chevaliers et le cloître.

Ces superbes bâtiments, construits entièrement en granit, furent élevés d'un jet hardi sur un plan savamment et puissamment conçu sous l'inspiration de l'abbé Jourdain, et que ses successeurs suivirent religieusement jusqu'à la fin.

Les façades est et nord de la Merveille sont d'une mâle beauté, en raison de leur extrême simplicité; elles présentent l'image de la force et de la grandeur. Leur aspect, particulièrement du côté de la pleine mer, au nord, est des plus imposants. Ces immenses murailles construites en granit, ainsi que tous les bâtiments de l'abbaye, sont percés de fenêtres de formes diverses selon les salles qu'elles éclairent; celles du dortoir sont remarquables. Elles sont longues et étroites, affectant la forme de meurtrières ébrasées largement à l'extérieur; leurs couronnements semblent être, par leur forme particulière en nids d'abeille, une réminiscence de l'art oriental entrevu par les Croisés français pendant leurs expéditions en Palestine. Les façades sont renforcées extérieurement, au droit des poussées des voûtes intérieures, par de puissants contre-forts qui ajoutent encore à l'effet général par la vigueur de leurs reliefs.

Indépendamment de ses formidables façades qui peuvent être considérées comme de véritables fortifications, la Merveille était défendue, au nord, par une muraille crénelée se reliant aux remparts. Cette muraille est flanquée d'une tour, également crénelée, qui servait de place d'armes aux chemins de ronde s'étendant vers l'ouest où ils couronnaient les crêtes des rochers et se reliaient par des détours aux soubassements des ouvrages de l'ouest. Au milieu, à la hauteur de l'angle nord-ouest de la Merveille, un petit châtelet aujourd'hui détruit, défendant le passage du degré, fort roide, fermé de murs crénelés, qui descendait à la fontaine Saint-Aubert.

Cette fontaine est située au bas du rocher au nord. L'escalier de la fontaine est en ruine. Sous les broussailles et les terres éboulées nous avons retrouvé ses marches, les bases de ses murs latéraux et, à l'extrémité inférieure des degrés, les vestiges d'une construction circulaire, ruines de la tour qui contenait la fontaine Saint-Aubert.

Jusqu'à l'époque où Guillaume d'Estouteville fit construire les deux grandes citernes, non pas creusées dans le roc, mais ménagées et bâties dans les collatéraux inférieurs du nouveau chœur de l'église, édifié du quinzième au seizième siècle et commencé par cet abbé en 1450, la *haute tour* dont parle l'historien Dom Huynes renfermait l'unique fontaine du Mont Saint-Michel. Nous entendons ne parler que de la forteresse, car il existait une fontaine d'eau vive, en dehors des murs, au pied de la tour du nord, et nommée fontaine de Saint-Symphorien. De plus, pour les besoins des habitants de la ville agrandie, on avait creusé, vers les premières années du quinzième siècle, une citerne ou puits dans le rocher au sud de l'abbaye, sur un petit plateau à mi-côte qui s'appelait : *place du Tripot.* Ce puits, avec sa margelle en granit, orné de riches moulures, sert encore aux Montois. M. Siméon Luce, dans la chronique du Mont Saint-Michel qu'il vient de publier, nous donne à ce sujet des renseignements fort intéressants.

On comprend aisément qu'il était indispensable de défendre la fontaine Saint-Aubert, d'abord contre la mer qui l'aurait envahie pendant les grandes marées et ensuite contre les tentatives que l'ennemi pouvait faire pour s'en emparer afin d'*assoiffer* les défenseurs de la forteresse. Outre la nécessité de préserver la fontaîne, la tour formait une avancée très-importante au point de vue stratégique, puisque la situation de l'ouvrage permettait à la garnison de se ravitailler par la mer. C'est, sans nul doute, sur ce point, abordable pendant la pleine mer, que l'abbaye put recevoir les secours envoyés par le duc de Bretagne, lorsque, à la fin de l'année 1423 et au commencement de 1424, le Mont Saint-Michel était bloqué par terre et par mer.

La tour de la fontaine Saint-Aubert a dû être construite vers 1240 par l'abbé Richard Tustin, qui commença les nouveaux bâtiments abbatiaux au sud de l'église, notamment celui nommé Bellechaise, formant l'entrée de l'abbaye, ainsi que les murs primitifs de l'ancienne ville, grâce aux largesses de saint Louis. Richard Tustin éleva la tour du nord à l'angle nord-est des remparts, sur les premiers contre-forts de la montagne, formant le saillant des murailles du nord et assurant la défense des ouvrages avancés de l'abbaye.

La tour du nord existe encore aujourd'hui, et elle présente, par ses dispositions générales, ses meurtrières et les détails de sa construction, tous les caractères de l'architecture militaire du temps où elle fut construite (de 1255 à 1260).

Les fortifications de l'ancienne ville furent achevées au commencement du quatorzième siècle par l'abbé Guillaume du Château, qui continua l'œuvre commencée par Richard Tustin, en étendant le front est de la place vers le sud et en reliant ses murs aux escarpements du rocher sur lequel continuaient à s'élever les nouveaux bâtiments abbatiaux, à l'abri de toute atteinte par leur situation, et qui étaient néanmoins crénelés dans leur partie supérieure.

Il subsiste encore, indépendamment de la tour du nord, une partie des courtines des murs du quatorzième siècle, ainsi que quelques-unes des consoles formant le mâchicoulis. Ces consoles sont au nombre de cinq; elles sont composées de trois corbeaux superposés en encorbellement, grossièrement taillés, mais disposés pour soutenir solidement le *hourd* ou parapet en pierre, selon le système, nouveau alors, qui consistait à installer toute la défense au sommet des murailles.

La porte de l'enceinte devait être placée à l'est ou au sud-est. Suivant un écrit du seizième siècle, relatif aux nouveaux remparts du quinzième siècle, « la porte de la ville fut changée. Estant vis-à-vis de l'église parrochiale, elle fut mise là où elle est à présent. » A ce sujet, un manuscrit du commencement du quinzième siècle (Bibl. nat., fonds latin, n° 1159) nous a fourni des documents précieux. Le livre d'heures de Pierre II, duc de Bretagne, contient un grand nombre de miniatures; et celle qui orne la page de l'office de saint Michel nous représente, indépendamment de la figure de l'archange, une image des plus curieuses, surtout par les renseignements qu'elle donne sur le Mont Saint-Michel à la fin du quatorzième siècle.

A cette époque, l'abbaye était gouvernée par Pierre le Roy, qui fut un des plus illustres abbés du Mont et l'un des plus grands constructeurs ou restaurateurs du monastère. Il reconstruisit le sommet de la tour des Corbins (à l'est de la Merveille), restaura et recouvrit les bâtiments abbatiaux au sud de l'église, commencés par Richard Tustin vers 1260, continués par ses successeurs et en partie ruinés par l'incendie de 1374. Il compléta les défenses de l'est en élevant la tour carrée, appelée Perrine, du nom de son auteur, et dans laquelle « il fit accommoder plusieurs petites chambres pour la demeure de ses soldats ». Au nord de Bellechaise, il construisit, dans les premières années du quinzième siècle, le châtelet et la courtine crénelée le reliant à la Merveille.

Le châtelet ou donjon est élevé en avant de la face extérieure nord de Bellechaise, sur laquelle il s'appuie sans liaison, laissant entre celle-ci et la face sud un espace vide, large mâchicoulis protégeant la porte nord, devenue la seconde porte intérieure depuis la construction du châtelet. Il se compose d'un bâtiment carré, flanqué aux angles de la face nord par deux tourelles encorbellées reposant sur des contre-forts et qui semblent être, par leurs formes générales, deux immenses bombardes dressées sur leurs culasses. Entre les piédestaux de ces tourelles s'ouvre la porte — où monte l'escalier conduisant à la salle des gardes, — qui était défendue par une herse manœuvrée de l'intérieur au premier étage du châtelet, et par trois mâchicoulis disposés entre les sommets des tourelles sous leur crénelage supérieur. Afin de couvrir le châtelet, Pierre le Roy éleva la barbacane qui l'enveloppe à l'est et au nord, ainsi que le grand degré au nord. Il modifia en même temps les remparts des côtés nord et ouest en élevant la tour Claudine, joignant l'angle nord-est et la Merveille, en ménageant dans l'étage inférieur de cette tour un corps de garde communiquant par une poterne avec le grand degré et commandant les passages sur ce point, ainsi que les communications avec les chemins de ronde du nord. Toutes ces constructions existent encore, sauf les marches du grand degré, dont on voit pourtant les traces, ainsi que les crénelages supérieurs en grande partie ruinés.

Il faut remarquer les dispositions ingénieuses des portes du grand degré, parce qu'elles sont, à notre avis, un exemple unique en leur genre. Les deux portes du grand degré et les deux entrées nord et sud de la barbacane étaient fermées chacune par un seul vantail — occupant toute la largeur des ouvertures, — qui se mouvait horizontalement et se manœuvrait par un système particulier, qui s'explique du reste par la situation exceptionnelle du Mont Saint-Michel, dont les bâtiments, ainsi que les ouvrages, se superposent et ne se relient entre eux que par une série de degrés et de rampes de toutes espèces.

Les vantaux des portes pivotaient sur leurs axes horizontaux, reposant sur les pieds-droits saillants établis de chaque côté à l'intérieur des portes ; ils s'ouvraient parallèlement à la pente de l'emmarchement, et, à la moindre alerte, ils pouvaient se baisser très-rapidement, entraînés par le propre poids de la partie inférieure, garnie de lourdes ferrures ; ils étaient maintenus fermés par des verrous fixés latéralement sur le côté intérieur des vantaux et dont on voit les gâches scellées dans les pieds-droits des portes. Les vantaux fermés opposaient une grande résistance aux attaques extérieures, parce que, étant soutenus par les feuillures latérales et les marches à l'intérieur, dans le sens de la poussée, ils ne pouvaient être enfoncés ou relevés qu'après de longs efforts et défiaient ainsi toute surprise.

Une place de guerre aussi importante que le Mont avait besoin de magasins pour ses provisions et de dépendances de toute nature pour l'installation des chevaux, qu'il était impossible de loger dans l'intérieur du château. Ces magasins existaient déjà pendant le douzième siècle au sud-ouest, sur le seul côté du rocher accessible aux chevaux et aux voitures, et ils avaient été incendiés ou détruits comme la ville, en 1203. Ils furent reconstruits alors, agrandis, fortifiés, et devinrent un point stratégique d'une grande importance, aussi bien pour la défense de l'abbaye-forteresse que pour la facilité de ses approvisionnements. Aussi, ces magasins fortifiés, nommés les *Fanils*, constituèrent-ils, dès le treizième siècle, époque à laquelle les bâtiments abbatiaux s'élevèrent à l'est et au sud, un poste avancé, fortement défendu, relié à l'Abbaye, dont il formait l'entrée du sud-ouest, par des chemins de ronde crénelés et complétement indépendants d'ailleurs du corps de la place, qui avait elle-même ses propres ouvrages défensifs, protégeant les approches du monastère à l'est. Ces dispositions ne furent point changées lorsque, au quinzième siècle, la ville, ceinte de ses nouvelles murailles, s'étendit au sud du Mont. Les fortifications des Fanils furent même renforcées au seizième siècle par la construction de la *tour plate-forme Gabriel* et du *ravelin* protégeant l'entrée particulière des magasins de l'abbaye.

Il reste de ces ouvrages militaires le ravelin et la tour Gabriel (à peu près entiers), ainsi que les vestiges des constructions intermédiaires.

L'abbé Robert Jolivet avait accompagné Pierre le Roy au concile de Pise, et lorsque cet illustre abbé mourut à Bologne, en 1411, Robert obtint du pape Jean XXIII le gouvernement de l'abbaye. Il fut ensuite élu par les religieux et chargé par le roi de la garde du Mont.

Dans les premières années de son administration, il parut vouloir suivre les exemples de ses prédécesseurs; mais, lassé du séjour sévère de son abbaye, il vint à Paris en 1411, où il « estudioit en la Faculté ès décrets ». (Dom Huynes.) Cependant, en 1416, il regagna son abbaye menacée par les Anglais qui, après la bataille d'Azincourt, en 1415, s'étaient emparés de la basse Normandie. « Tandis que les Anglais fortifiaient Tombelaine, l'abbé du Mont Saint-Michel, Robert Jolivet, achevait de bâtir les murs et quelques tours qui cernent la ville comme ils se voient encore aujourd'hui... Pour subvenir à ces dépenses, l'abbé fut autorisé par le roi à prendre 1,500 livres sur les revenus des aides de la vicomté d'Avranches et un autre subside sur le maître de la monnaie de Saint-Lô... Il put réunir des munitions et des vivres pour plus de sept années dans le Mont, qui devint une forteresse inexpugnable... » (Le Breton, *l'Avranchin pendant la guerre de Cent ans. —* Caen, 1879.)

Le 6 novembre 1422, Guillaume de la Luzerne, un des principaux défenseurs du Mont Saint-Michel, « fut chargé, ainsi qu'Ambroise de Loré, par Jean de Harcourt, comte d'Aumale, lieutenant du roi en Normandie, Maine, Anjou et Touraine, de faire mener en la place du Mont Saint-Michel : 1° 1,500 grosses dondaines (flèches, traits d'arbalète); 2° 4,000 de trait commun ; 3° 290 bottes de fil d'Anvers ; 4° 1,600 livres de poudre à canon ; 5° 4 grosses arbalètes de bois de Rouménie ;... 9° 30 pavois ; 10° 2 falots ; 11° 1 canon de cuivre pesant 400 livres, portant pierre de 12 livres... » (*Chronique du Mont Saint-Michel,* publiée par Siméon Luce. — Paris, 1879.)

A l'époque où Robert Jolivet éleva la nouvelle enceinte, de 1415 à 1420 environ, la ville, ou plutôt les faubourgs de la ville, s'étaient agrandis vers le sud, et, indépendamment de la nécessité de les défendre des Anglais retranchés à Tombelaine, il était indispensable d'opposer à l'attaque un front de défense beaucoup plus développé que celui des remparts du quatorzième siècle. Robert Jolivet vint souder ses nouvelles murailles à l'est, sur celles élevées au quatorzième siècle et descendant des escarpements du rocher — défendu par la tour du nord — jusque sur la grève ; il flanqua ses murs d'abord d'une tour formant un saillant considérable destiné à battre les courtines adjacentes et à défendre le front de l'ouvrage; puis il continua les murs au sud en les renforçant de cinq autres tours dont l'une est placée à l'angle obtus formé par les courtines. La dernière tour, dite tour du Roi, constitue le saillant sud-ouest de la place et défend en même temps la porte de la ville, à l'ouest. A partir de ce point, les remparts se retournent à angle droit, se relient par des escaliers, des chemins de ronde crénelés, commandés par un corps de garde, aux rampes abruptes du rocher inaccessible, dont les crêtes sont pourtant fortifiées et communiquent avec les défenses de l'abbaye au sud.

Les murailles et leurs bases en glacis sont défendues par des mâchicoulis placés au sommet, dont les consoles supportent des parapets découverts et crénelés. Plusieurs tours étaient couvertes et servaient de places d'armes pour les défenseurs des remparts.

Deux poternes existaient sur le front est. L'une de ces poternes, dite *Trou-du-Chat,* s'ouvrait à la base des murailles à peu près au niveau moyen des hautes mers et était défendue extérieurement par quatre mâchicoulis descendant plus bas que les autres.

La Porte — Porte du Roi — qui s'ouvre dans la courtine ouest, flanquée par la tour du Roi, est un ouvrage fort intéressant. Construit en granit, il est composé avec beaucoup d'art et traité avec un soin extrême, tout en satisfaisant aux exigences multiples de la défense militaire. Précédées d'un fossé sur lequel s'abattaient les ponts-levis, qui formaient une première fermeture lorsqu'ils étaient relevés, la porte principale destinée aux chariots et la poterne latérale donnent accès dans la ville. Au-dessus des portes est le logis du gardien de la Porte; au-dessous, le passage principal et celui de la poterne correspondent à niveau avec un premier corps de garde, ménagé dans l'étage inférieur de la tour du Roi. Le grand passage était fermé, outre le pont-levis, par deux vantaux, l'un intérieur et l'autre extérieur du côté de la ville; il était, de plus, défendu par une herse en fer, — qui existe encore, — engagée dans les rainures latérales où elle glissait. La grande baie de la porte, fermée par un arc en ogive très-obtus, est surmontée d'un tympan orné de sculptures, dont les divers motifs superposés symbolisent tout à la fois le roi de France, l'abbaye vassale du roi et la ville vassale du roi et de l'abbaye. Ce tympan est encadré latéralement par deux contre-forts, — bordant les rainures des bras du pont-levis, — et supportant une rangée de fines arcatures trilobées sur lesquelles reposent les consoles des mâchicoulis qui soutiennent un parapet crénelé et couvert, se reliant aux crénelages des tours et des murailles.

Dans les premières années du quinzième siècle, l'artillerie à feu commençant à être employée avec succès dans les siéges, on s'aperçut qu'il était important d'éloigner l'assiégeant du corps de la place et de couvrir les approches des portes par des ouvrages d'une certaine étendue, composés de murs épais, percés de meurtrières et peu élevés, afin d'être commandés par les courtines ou les tours. L'habile capitaine qui défendit le Mont, de 1425 à 1434, Louis d'Estouteville, sire d'Aussebost et de Moyon, reconnut la nécessité de fortifier l'entrée de la ville par des travaux avancés, et, dès les premières années de son commandement, il éleva la barbacane qui protége la porte du Roi.

La barbacane se compose d'un mur épais formant un saillant très-aigu vers le sud-ouest, laissant entre son front et le rocher un espace fort restreint et facile à battre, tout en ménageant intérieurement une place d'armes en avant de la porte de la ville. La porte et la poterne de la barbacane s'ouvrent sur la face ouest de la courtine, flanquée par un redan en quart de cercle, commandant l'entrée et aboutissant à la base du rocher, inaccessible sur ce point.

Les murs sont percés d'embrasures pour des fauconneaux ou des coulevrines, au sud, à l'ouest et dans le redan ; le sommet des murs est percé d'archères et de meurtrières pourvues d'une mire circulaire au milieu pour les *traits à poudre*, connus dès le quatorzième siècle, ou bien pour « les *canons à main* qui furent employés pendant toute la durée des guerres avec les Anglais ». (J. QUICHERAT, *Histoire du costume, etc.* — Paris, 1875.)

Nous trouvons la date exacte de cette construction dans le très-curieux ouvrage publié par M. Siméon Luce et dont nous avons déjà parlé : *Chronique du Mont Saint-Michel*. Elle est donnée par deux chartes que leur importance nous empêche de reproduire complétement, mais dont nous citerons les résumés :

La première : 1426, 3 juin, Mont Saint-Michel : « Richart Lombart, vicomte d'Avranches, qui a fait dresser des fourches patibulaires dans les grèves du Mont Saint-Michel pour l'exécution d'un condamné, et Louis d'Estouteville, sire d'Auzebosc et de Moyon, capitaine du Mont Saint-Michel, qui fait extraire des pierres à bâtir et du sablon du rocher dudit Mont pour la construction d'une poterne ayant appartenu à Jamet le Gay, Richart Lombart et Louis d'Estouteville certifient, en présence des religieux et du vicaire apostolique de l'abbaye du Mont Saint-Michel, que l'érection desdites fourches et ladite construction ne portent en rien atteinte aux droits de propriété de l'abbaye. »

La deuxième : 1426, juillet, Mont Saint-Michel : « Louis d'Estouteville, sire d'Auzebosc et de Moyon, capitaine du Mont Saint-Michel, déclare que le fait de la construction d'une tour ronde et d'une poterne dont il a pris l'initiative pour compléter les défenses de la place ne porte aucune atteinte aux droits de propriété de l'abbaye. »

Ce fait, entre autres, prouve ce que nous avons avancé en commençant, c'est-à-dire que l'étude de l'architecture peut fournir des documents spéciaux d'une importance décisive en plus d'un cas, et qu'elle doit rendre quelques services aux archéologues.

Par l'examen de l'architecture de la barbacane nous avons, il y a plusieurs années déjà, dans nos rapports à M. le Ministre des Beaux-Arts, et dans notre volume sur le Mont Saint-Michel, indiqué la date de la construction de cet ouvrage, et nous disions : « Quelques historiens croient pouvoir affirmer que la porte du Roi aurait été construite en 1415 par Louis d'Estouteville et l'abbé Jean Gonault, vicaire général, etc. Il suffit de se rendre compte de la situation du Mont Saint-Michel, de 1420 à 1449, pour être convaincu que cette importante construction existait déjà depuis plusieurs années lorsque le commandement de la place fut confié par le roi à Louis d'Estouteville en 1425. Le capitaine du Mont et son abbé songeaient alors à protéger la ville, — investie par les Anglais dès 1423, — par de grosses défenses établies rapidement pour renforcer les remparts, plutôt qu'à orner ses murs ou sa porte de fins ouvrages, longs, coûteux et qui n'auraient rien ajouté à la solidité de la place. »

Grâce à ses remparts et au courage de ses défenseurs, la ville soutint un long et glorieux siége, et, de 1423 à 1434, elle résista courageusement et victorieusement aux assauts des Anglais. Celui de 1434 fut surtout redoutable. Le 17 juin, les Anglais, sous la conduite du sieur d'Escalles, « bien armés de pied en cap, menans quant et eux des machines espouvantables et plusieurs instruments de guerre avec lesquels ils assaillirent si furieusement les murailles de la ville qu'ils y firent une grande brèche, de sorte qu'ils croyoient desjà ville gaignée, mais, venants à l'assault, ils furent si vivement repoussez par ceux de ce Mont, conduits par Louys d'Estouteville, qu'il demeura presque deux mille Anglois de tués dans les murailles et sur les grèves... » (Dom Huynes.)

Nous croyons pouvoir dire que la brèche dont parle Dom Huynes fut faite du côté sud, dans la courtine entre la tour basse et celle dite de la Liberté. Dans cette partie, les murailles indiquent une construction plus grossière qu'autre part, comme si elle avait été faite après coup et précipitamment. C'est d'ailleurs le côté le plus vulnérable de l'enceinte, en raison de l'éloignement et de l'insuffisance des tours flanquantes, et surtout du peu de hauteur des murs. On remarquera également que sur ce point les murailles sont d'une très-faible épaisseur.

Au seizième siècle, l'artillerie à feu, qui avait fait de si grands et de si rapides progrès à la fin du siècle précédent, et dont les effets étaient déjà si puissants, changea les conditions de l'attaque et par conséquent de la défense. Par sa situation exceptionnelle au milieu des grèves dangereuses qui déjouaient toute tentative d'investissement, et mettaient la place à l'abri d'un siége régulier, parce qu'il était impossible d'entreprendre tous les travaux d'approche, de tranchées, d'établissement de batteries de brèche, nécessairement longs, difficiles, et à l'exécution desquels les marées périodiques opposaient un obstacle insurmontable, le Mont Saint-Michel pouvait mieux que toute autre forteresse trouver dans ses anciennes murailles une protection suffisante. Cependant, nous voyons sous François I⁰ʳ les remparts se modifier suivant les progrès de l'art militaire du temps, en renforçant l'ancienne barbacane de la porte de la ville par un solide ouvrage avancé, en construisant à l'ouest, et sur un point stratégique important, une tour plate-forme renfermant plusieurs étages, et enfin en transformant en batteries couvertes et découvertes deux des anciennes tours des fronts est et sud des remparts. Ces modifications sont moins caractéristiques ici que partout ailleurs; néanmoins, elles nous ont paru utiles à constater, parce qu'elles nous permettent de suivre et d'étudier les transformations architectoniques des défenses de la ville.

La tour ou plutôt le bastillon Gabriel — du nom de son auteur, Gabriel du Puy, lieutenant du roi en la place du Mont — est surtout intéressante. Bâti en 1534, au point où le rocher devient praticable, cet ouvrage est composé de trois étages de batteries rasantes, percés d'embrasures de canon, évasés à l'extérieur et couverts par une voûte annulaire en plan, retombant à peu près au centre sur un énorme pilier. A chacun des trois étages, le pilier central est pourvu d'une trémie qui servait à l'aération de la batterie, afin d'enlever rapidement la fumée de la poudre; ces trémies se réunissaient nécessairement dans une cheminée, dont la souche devait s'élever au-dessus de la plate-forme, avant la construction du moulin (en 1627).

Jusqu'à la fin du dix-septième siècle, les remparts furent entretenus par les gouverneurs de la place, mais à cette époque ils furent à peu près abandonnés. Dans les premières années de son règne, Louis XV reprit possession d'une partie de l'abbaye dans laquelle il renferma des prisonniers d'État et imposa une garnison à la place. En 1731, une somme de 37,146 livres fut employée à réparer les remparts qui, d'après l'édit de 1681, faisaient partie du domaine de la Couronne. A partir de 1731, si l'on ne trouve plus de traces de réparations faites aux remparts, on voit beaucoup trop de preuves de l'état d'abandon dans lequel ils furent laissés; ils ne furent même pas compris dans le classement des places de guerre fait par la loi du 11 juillet 1791. Non-seulement on ne les entretint pas, mais encore, en 1797, les commissaires du district d'Avranches vendirent, pour une somme minime, la tour Gabriel à un des habitants de la ville. Aussi le temps a-t-il pu faire sans entraves son œuvre destructive, et, si l'enceinte de la ville existe encore de nos jours, elle doit uniquement sa conservation à la construction robuste de ses murailles.

Une ordonnance du 2 avril 1841 classa la ville fortifiée du Mont parmi les places fortes de la France ; cependant nul travail n'y fut fait ; au contraire, les tours du nord et celle de la Liberté, dont les voûtes supérieures s'étaient effondrées, furent remplies de terre sans qu'on y fît aucune réparation. Un autre décret du 19 septembre 1855 déclassa les remparts ; ils furent dès lors complétement oubliés, sauf par les habitants de la ville, qui firent leurs magasins dans une partie des murs et qui transformèrent les terrasses des tours et les escaliers ruinés en jardins et en potagers.

Heureusement ce triste état de choses a cessé depuis 1872, et un décret rendu par le président de la République, en date du 20 avril 1874, affecta au service des Monuments historiques, — *pour en assurer la conservation,* — l'abbaye et, virtuellement, les remparts qui forment son enceinte et restent la propriété de l'État, qui est rentré en possession de la tour Gabriel après l'acquisition faite, le 10 juin 1876, sur la proposition de la Commission des Monuments historiques.

Enfin, grâce aux travaux faits déjà par les soins de l'Administration des Beaux-Arts, l'avancée de la barbacane est redevenue l'entrée digne de l'ancienne cité du Mont Saint-Michel, en attendant que la restauration des remparts puisse être entreprise comme l'est, depuis 1873, celle de l'abbaye. Cette mesure nécessaire aura pour résultat, sinon de restituer à l'enceinte du moyen âge son aspect primitif, tout au moins de conserver tous les ouvrages défensifs qui présentent, par leurs origines diverses, ainsi que par leurs transformations successives, des exemples fort intéressants de notre architecture militaire du treizième au quinzième siècle.

Édouard CORROYER,

Architecte du gouvernement.

PARIS. — TYPOGRAPHIE DE E. PLON ET Cⁱᵉ, RUE GARANCIÈRE, 8.

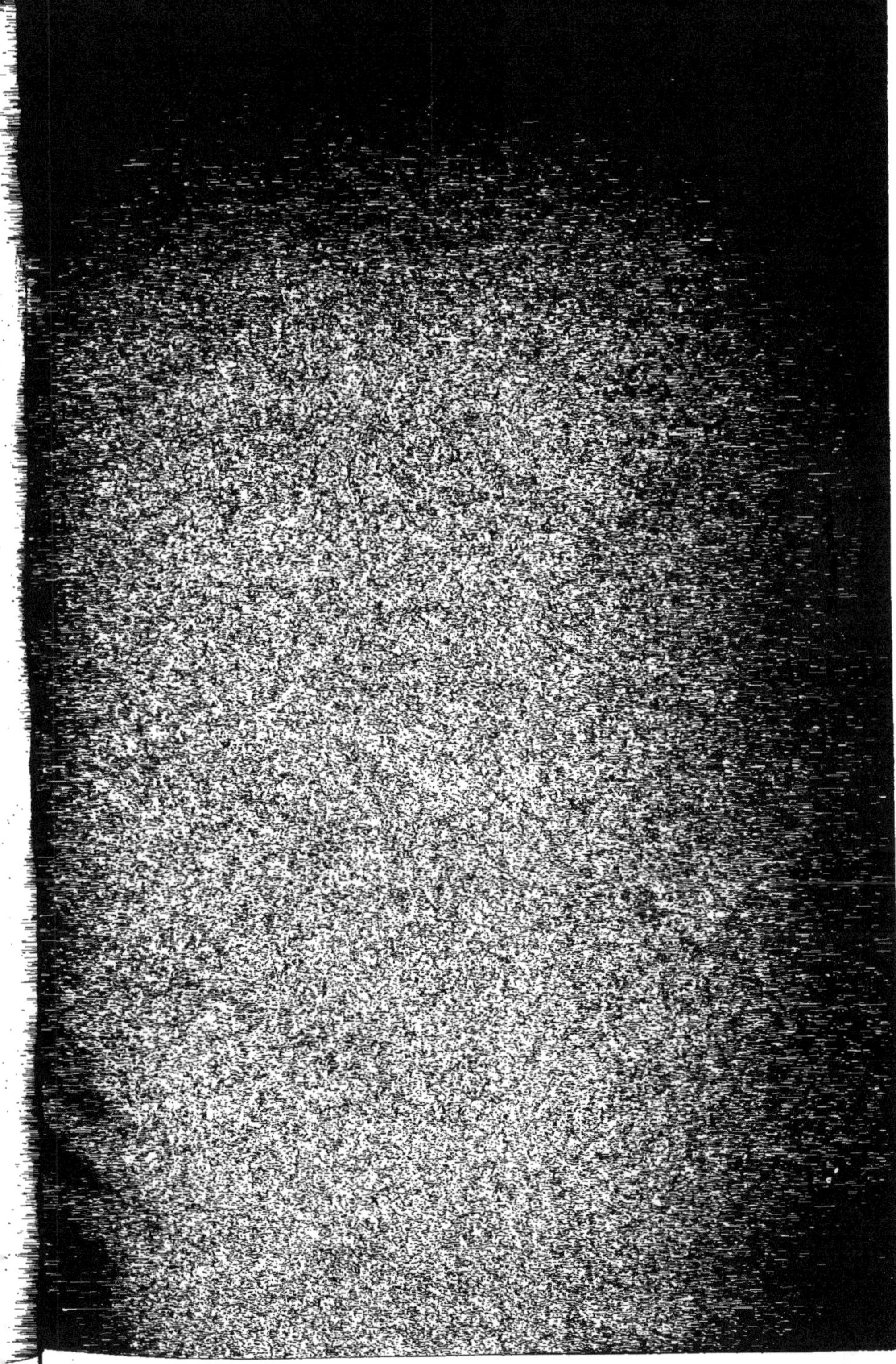

PARIS
TYPOGRAPHIE DE E. PLON ET Cie
Rue Garancière, 8.